SI PARIS EST PRIS?

Par BOURON,

Membre du Comité central de Défense de la Seine-Inférieure.

Prix : 50 centimes.

Au profit de la Souscription du Comité central de Défense de la Seine-Inférieure.

ROUEN

IMPRIMERIE DE E. CAGNIARD,

Rues Jeanne-d Arc, 88, et des Basnage, 5.

1870.

SOMMAIRE.

SI PARIS EST PRIS?

§ Ier.

CONSIDÉRATIONS GÉNÉRALES.

Je commencerai par déclarer nettement et catégoriquement que mon intention, en écrivant ces lignes, est de me placer à un seul point de vue : celui du spectateur et de l'observateur, froidement impartial, déduisant leurs conséquences inflexibles de la seule logique des faits incontestables.

Ce n'est pas le républicain qui écrit, c'est l'honnête homme effrayé de voir à quel abîme les réticences intéressées, les incapacités aveugles et les trahisons, ont conduit la France, effrayé de voir cet abîme se creuser de plus en plus chaque jour, pour devenir, plus promptement qu'on ne le croit généralement, le tombeau de la patrie française, si le remède *radical* n'est appliqué sur-le-champ et pendant qu'il en est temps encore.

Ce n'est donc pas pour un parti exclusif que j'écris. Le royaliste aussi bien que le républicain y trouvera, j'en suis convaincu, l'écho de son cœur, si il est loyal, si il est vraiment français. Pour le bonapartiste seul, je n'écris évidemment pas, puisque je commence par déclarer que je parle au nom de la probité.

Ce qui nous a perdu et nous perd en France, c'est de ne pas oser dire et entendre la vérité. « Elle effraierait, » disent trop de gens, cependant respectables, et c'est un grand tort, un plus grand tort qu'on ne semble le croire, car, tous les travestissements employés quotidiennement, pour déguiser la vérité, empêchent de mesurer l'étendue du danger, partant, empêchent de voir les seuls moyens d'y échapper.

Allons, allons, du courage. Ne soyons pas des enfants et ne croyons pas nous être mis à l'abri du danger parce que nous fermons les yeux pour ne pas le voir. La seule manière de conjurer un danger, c'est de l'envisager froidement sous toutes ses faces ; on calcule alors avec sang froid toutes les éventualités fâcheuses qui peuvent se présenter, et on suppute avec lucidité tous les moyens d'action dont on dispose contre elle.

Tâchons de profiter des leçons du passé. Reportons-nous à quatre mois en arrière, et, si tristes que soient Wissembourg, Sédan, Metz, etc., qu'ils nous servent au moins de leçon pour l'avenir si proche de nous, réflechissons que ces terribles noms veulent dire : « Prenez garde ! Prenez bien garde !. »

Que diriez-vous d'un homme qui se blesserait gravement en heurtant, dans la nuit, un tas de pierres non éclairé, et qui s'entêterait à ne pas le surmonter du feu qui, dans toutes les langues, veut dire « *casse-cou* » ?

Eh bien, je ne fais ici que venir crier à tous mes compatriotes, et quelle que soit leur croyance : « *casse-cou* ».

Dieu veuille que mon humble voix soit enfin entendue !

§ II.

INTÉRÊTS POLITIQUES DES DIFFÉRENTES PUISSANCES EUROPÉENNES.

La légèreté avec laquelle cette question a été passée sous silence jusqu'ici, a conduit bien des hommes d'État à des fautes grossières, qu'ils n'eussent certes pas commises s'ils s'en étaient rendus un compte plus exact, s'ils avaient compté, un peu plus avec les faits, et un peu moins avec leur imagination. Ils eussent évité des échecs fâcheux à tous égards.

Leur point de départ, quand ils ont entrepris certaines démarches, était, certes, fort généreux ; mais, pour n'avoir pas assez réfléchi aux différents intérêts qui se heurtent, depuis longtemps déjà, en Europe, ils se sont gravement compromis aux yeux de l'opinion publique et de l'histoire, et à leurs propres yeux mêmes, j'en suis convaincu.

Prenons donc l'Europe telle qu'elle est aujourd'hui ; peut-être devrais-je dire, telle qu'elle était il y a quelques mois.

On comptait alors quatre grandes puissances, c'est-à-dire quatre puissances avec lesquelles le monde entier était obligé de compter : la France, l'Angleterre, la Prusse et la Russie ; et trois puissances de second ordre : l'Autriche, l'Italie et l'Espagne.

La Russie menace Constantinople, qu'elle convoite depuis si longtemps, et, quoiqu'on nous représente une guerre entre elle et l'Angleterre à ce sujet, comme imminente, il est peut-être prudent de songer que si cette dernière daignait accepter l'ithsme de Suez, par exemple, et son voisinage comme compensation, cette complication européenne, au lieu de tourner à notre profit, pourrait bien se terminer simplement par une cote mal taillée, dont nous aurions le mauvais morceau. Je m'étonne que si peu d'hommes d'État aient compris que le champ de bataille de la Russie et de l'Angleterre ne peut pas être l'Europe, et ne sera qu'en Asie et dans un temps ultérieur plus ou moins éloigné. Leurs intérêts à toutes deux s'opposent formellement à ce qu'il en soit autrement.

De ces deux côtés, nous n'avons donc et nous n'avons jamais eu aucune espèce de probabilité d'alliance offensive ou défensive à espérer. Du reste, nous y reviendrons, quand nous traiterons la question au point de vue militaire. Cela répondra à ce qui pourrait être allégué relativement à la campagne de Crimée.

La Prusse veut constituer l'empire d'Allemagne à son profit.

Quels sont les intérêts de cet empire naissant ?

Ses intérêts sont d'abord et avant tont, de se constituer et, pour cela, de ne pouvoir être troublé par aucun voisinage. — Or, avec les preuves de sa force que vient de donner la Prusse, la Russie est trop prudente pour se faire son ennemie, quant à maintenant ; ses intérêts, au contraire, y sont opposés, nous l'avons démontré, au moins·ses intérêts du moment.

L'Autriche se rappelle encore trop bien Sadowa et s'en ressentira pendant assez longtemps pour pouvoir être un voisin incommode pour l'empire d'Allemagne. Tout au plus, à un jour donné, pourra-t-elle essayer de se redresser devant la Prusse, s'il prenait fantaisie à cette dernière, de chercher à faire de Vienne le chef-lieu d'une de ses provinces. Qu'on ne sourie pas à cette prophétie lointaine, car il ne faut pas oublier que la soif inextinguible de conquêtes est le flambeau auquel ces phalènes, qu'on appelle des conquérants, sont de tout temps, venus se brûler les aîles.

Il reste donc la France, voisin essentiellement gênant à tous égards pour cet empire. D'abord, parce qu'il empêcherait l'empire d'Allemagne de se créer des ports avantageux par l'accaparement de la Belgique et de la Hollande, et ensuite parce que ses commotions fréquentes et son caractère impatient le feraient s'accommoder assez mal de ce bras de fer qui lui est promis comme oreiller.

Tous les intérêts de la Prusse, ou de l'empire d'Allemagne, si on veut, sont donc d'écraser la France, depuis le jour où l'empire d'Allemagne a été résolu, et, il faut convenir qu'ils sont en bonne route, afin que, n'ayant plus qu'une nationalité passive, la France, soit forcée de regarder et de se taire.

L'incurie, la sottise, l'ineptie et l'ignorance de nos diplomates impériaux ont, malheureusement, joué le jeu de la Prusse; l'incapacité, la lâcheté et la trahison des Bonapartes et de leurs généraux ont achevé l'œuvre.

La Prusse le sait bien, et soyons bien convaincus que, si elle est victorieuse, elle ne reculera devant aucun procédé, si énergique ou barbare qu'il soit, pour nous imposer un souverain de sa façon.

Que dire des puissances de second ordre ? Qui pourrait seulement imaginer le moyen par lequel, en admettant leur bonne volonté, elles arriveraient à nous être du moindre secours ?

L'Autriche est séparée de nous par la Suisse et l'Allemagne.

L'une intéressée à conserver la neutralité la plus absolue, l'autre qui est notre ennemie déclarée et avec laquelle il faudrait compter d'abord, ce qui n'entre nullement, je crois, dans les intentions du cabinet de Vienne.

Voilà donc pour l'appui matériel que nous devons en attendre, et faut-il espérer mieux de son appui moral, qui ne peut être étayé sur rien de suffisamment redoutable, pour donner du poids à sa parole ?

D'ailleurs, voici la question d'Orient réveillée, et, certes, l'Autriche, aura bien assez à faire en en restant la spectatrice assidue, heureuse encore si elle peut n'en être que la spectatrice gratuite.

Si nous regardons en Italie, nous la voyons occupée et trop occupée à essayer de recoudre tous ses tronçons disparates et sans aucune cohésion pour pouvoir se préoccuper de ce qui se passe dans le reste de l'Europe, et l'observateur sérieux ne peut s'empêcher de se demander, quel vertige vient de la saisir, et de la pousser à se créer, à plaisir, de nouveaux et graves embarras, en acceptant la couronne d'Espagne pour un de ses princes.

Quant à l'Espagne elle-même, nous ne pouvons que désirer vivement qu'elle ne soit pas un Mexique européen ; mais, de toutes manières, son influence sur les affaires de l'Europe, ne peut être que complètement négative et, par conséquent, son alliance sans aucune espèce de portée politique.

Voici, bien clairement les intérêts politiques des puissances européennes, et il faudrait être bien prévenu ou bien aveugle, pour y voir la moindre matière à Congrès ou à diversion dont la France puisse retirer la moindre utilité.

Nous sommes bien fixés, et quoiqu'on puisse en dire, sur les intérêts des puissances européennes neutres, et c'est précisément pour ne pas y avoir suffisamment réfléchi que nous en sommes arrivés à la terrible alternative dans laquelle nous nous trouvons.

Cessons donc de nous préoccuper de politique extérieure, ce qui ne peut nous avancer à rien qu'à nous créer des illusions, fâcheuses par l'inertie qu'entraîne toujours l'espoir de la réalisation d'une chimère qu'on caresse, et croyons bien que notre politique actuelle ne peut pas aller plus loin que du Rhin à l'Océan et des Pyrénées à la Belgique.

Faisons seulement notre possible pour qu'elle ne se rétrécisse pas.

----

§ III.

LES PUISSANCES EUROPÉENNES AU POINT DE VUE DE LA GUERRE.

Laissant de côté les puissances de second ordre, dont il serait superflu de nous occuper ici, nous examinerons seulement dans ce paragraphe comme puissances militaires, l'Angleterre et la Russie. La France et la Prusse étant intimement liées l'une à l'autre en ce moment feront l'objet d'un aperçu spécial.

La question d'Orient, toujours vieille et toujours jeune, se relève aujourd'hui avec un caractère d'actualité qu'elle n'avait jamais eue.

La possession de Constantinople par la Russie est une menace directe, suspendue depuis longtemps sur la tête de l'Angleterre ; mais menace à laquelle le percement de l'ithsme de Suez, actuellement effectué, ôte beaucoup du caractère de gravité européenne qu'elle possédait antérieurement.

En effet, avant que cette gigantesque entreprise ait eu sa solution, l'empire russe s'étendant jusqu'au Bosphore, commandait sans appel les communications directes de l'Angleterre et de l'Inde. L'Angleterre était intéressée à faire, à tout prix, les plus formidables sacrifices pour conserver l'indépendance de ces communications, et elle était intéressée à ménager dans ce but la puissance militaire de la France, malgré leurs rivalités séculaires. Aujourd'hui le passage de Suez permet un accommodement avantageux pour les deux parties, quant à maintenant, et voilà pourquoi ni l'une ni l'autre n'a pesé et ne pèsera en notre faveur dans les con-

seils de Berlin qui n'avaient rien à craindre de chacune isolément,
et ne pouvaient être influencés que par leur pression menaçante
collective. Tout au plus, la Russie aurait-elle pu le faire seule en
raison de sa nombreuse armée ; mais elle savait qu'en pareil cas le
chancelier fédéral était trop fin politique pour manquer de faire
dresser la Pologne devant elle comme une barrière qui l'eût occupée assez longtemps pour permettre à la Prusse d'agir à sa guise
en Occident, ainsi que l'Autriche en faisant miroiter à ses yeux
le rétablissement de sa puissance en Italie.

La puissance militaire européenne de l'Angleterre est toute entière dans sa flotte ; mais cette flotte, obligée de rayonner constamment aux quatre coins du monde pour protéger des colonies qui
sont, en quelque sorte, toute la fortune de l'Angleterre, pour les
protéger et contre l'étranger et contre elles-mêmes, a trop d'occu-
pation pour venir s'occuper d'une guerre continentale européenne
sans nécessité absolue.

Dans une guerre continentale européenne, quel peut-être l'appoint
de l'Angleterre en hommes ? Tout au plus, et encore en courant
bien des risques, une centaine de mille hommes. Que serait une
pareille armée, si bonne à tous égards qu'on puisse la supposer, en
face de celle que la Russie pourrait jeter sur un champ de bataille ?

En Asie, la situation militaire est, pour elle, bien différente.
D'abord, en faisant d'une pierre deux coups, elle peut protéger simultanément ses possessions indiennes et jeter en même temps ces
mêmes populations par grandes masses sur des champs de bataille
peu éloignés. Peu sympatiques, en réalité, à tout ce qui leur vient
de l'Europe qu'elles n'ont jamais été payées pour aimer beaucoup,
les populations de l'Inde se rueraient avec la même facilité, sous
leur ciel, sur une ennemie de l'Angleterre que sur les anglais eux-
mêmes pour plusieurs raisons, la première, parce qu'en pareille cir-
constance, l'Angleterre serait obligée de les armer et qu'elles
compteraient bien retourner ces armes contre elle, la seconde pour
éloigner la Russie elle-même de l'Asie à laquelle elle n'est pas beaucoup plus sympathique.

Quant à la Russie, sa puissance militaire continentale est évidemment très forte par le nombre, mais elle est inférieure comme intelligence et capacité militaire, au moins quant à maintenant encore, et les événements passés l'ont bien prouvé à différentes reprises.

L'Angleterre s'était unie à la France pour combattre la Russie en Crimée ; et la France, qui n'y avait d'autre intérêt que d'assurer la neutralité du levant et de la mer Noire sans grand profit matériel direct pour elle-même, n'était que le bras dont l'Angleterre s'est servie pour soutenir ses propres intérêts directs. Seule, elle était obligée de regarder et de se taire ; avec la France, elle pouvait avoir une volonté. Là est tout le secret de cette dérogation par une guerre continentale aux habitudes de l'Angleterre.

La Russie, maîtresse de Constantinople, le sera bientôt de tout le littoral de la mer Noire, et voudra alors passer son bras de l'autre côté de la mer Caspienne pour rejoindre son énorme possession de l'Asie septentrionale ; l'Angleterre, maîtresse du canal de Suez et de son littoral, désirera reculer dans le Nord les limites de ses possessions indiennes et là, pour les motifs que nous avons énoncés plus haut, *là seulement*, ces deux puissances se rencontreront sur un champ de bataille qui, sans nul doute, sera la Perse.

---

§ IV.

SITUATION MORALE ET MATÉRIELLE DE LA FRANCE. — LA RÉPUBLIQUE ET LES PRÉTENDANTS A LA COURONNE. — LEURS CHANCES RESPECTIVES DE SUCCÈS, LEUR AVENIR.

Les aperçus qui précèdent étaient nécessaires pour bien faire saisir à chacun ce que notre malheureux pays est en droit de pouvoir attendre en fait de secours de l'extérieur, pour démontrer que la France n'a absolument à compter que sur elle-même, ce dont on a fait la faute de ne pas se pénétrer suffisamment jusqu'ici, et faute qu'on est peut-être trop enclin à renouveler plus souvent qu'il ne serait désirable.

Examinons maintenant la situation de la France au 4 septembre et depuis, laissant de côté le bourbier antérieur à cette époque et sur lequel on n'est que trop fixé.

L'empire a laissé la France avec un fonctionnarisme qui savait ne pouvoir rien attendre que de lui ; il l'a laissée sans armée, puisque la dernière était déjà prisonnière par anticipation, sans armes, après lui avoir volé tout ce qu'il lui a été possible de voler, sans finances et envahie. .

Après avoir proclamé, peut-être un peu plus tard qu'il n'eût fallu le faire, la République, la minorité, seule fraction respectable d'une chambre aussi vénale que méprisable, s'est assise à la table du pouvoir et s'en est adjugé les morceaux comme ceux d'un gâteau dont chacun prend sa part.

Honneur à cette minorité qui, *dans le moment*, a véritablement fait œuvre pie ; mais, elle eût dû immédiatement, tout en prenant sur-le-champ les mesures les plus urgentes, consulter le pays afin d'acquérir une force morale sans laquelle une mesure prise dans l'intérêt général le mieux entendu n'est plus qu'une usurpation pour des adversaires.

Huit jours, quinze jours au plus, suffisaient amplement à la convocation d'une assemblée souveraine, tout en agissant rapidement pendant ce temps dans l'intérêt du pays.

L'objection contre ces élections, « que toute la France ne pouvait être représentée, » est une objection puérile, et la preuve, c'est qu'alors quatre-vingt-quatre départements sur quatre-vingt-neuf pouvaient être représentés à cette assemblée, tandis qu'aujourd'hui soixante-huit seulement pourraient y participer, et demain un moins grand nombre encore peut-être, sans compter la *grave responsabilité* que les événements qui se précipitent assument sur le gouvernement de la défense nationale.

Le problème à résoudre le 4 septembre se résumait à créer rapidement des ressources et une armée capable d'arrêter la marche

de l'ennemi, à organiser promptement un gouvernement régulier
qui, possédant l'influence morale, qui n'est l'apanage que d'un
gouvernement régulier, eût créé rapidement ces ressources et cette
armée.

Cinq départements étaient conquis par la Prusse ; donc, pour le
moment, abstraction faite de toute idée morale qui, dans ce cas,
n'avait rien à voir dans le domaine des faits, la France du moment,
ne se composait que des quatre-vingt-quatre autres départements.
Ce n'était pas renier les cinq départements conquis, c'était confier
aux délégués des quatre-vingt-quatre autres le soin de délivrer ces
compatriotes courbés sous un joug étranger.

Qu'est-il résulté d'un pareil état de choses ?

Des hésitations bien faciles à comprendre de la part d'un gouvernement honnête, et sentant précisément d'autant mieux la lourde
charge qu'il avait assumée spontanément, sans prévoir probable-
ment que les événements pouvaient faire que cette charge devînt de
jour en jour plus lourde et plus dangereuse ; une lenteur dans les
déterminations qui aboutissait nécessairement à des mesures in-
complètes, toujours par le même sentiment de faiblesse morale, qui
faisait et fait reculer de jour en jour les mesures radicales, *les
seules* qui puissent sauver la France, et sans lesquelles l'invasion
continuera à être triomphante, comme elle l'a été jusqu'ici, et à
mettre tant de nos pauvres départements dans la *zône non défendue*
ou mal défendue, et, par conséquent, conquise.

Ajoutons à cela que cette énergie passive fait douter beaucoup
de républicains des plus respectables du républicanisme du Gouvernement, et on comprendra facilement que, les hommes de
désordre de tous les régimes aidant, les événements du Midi puissent en laisser préjuger de plus graves à un moment donné.

Pour la troisième fois, depuis quatre-vingts ans, la France est
républicaine. Conservera-t-elle sa forme républicaine cette fois ?
Qui oserait l'affirmer avec certitude, vis-à-vis de ce que nous voyons
se passer devant nos yeux ?

J'ai déclaré, en commençant ce mémoire, que je me ferais un de-

voir de laisser de côté toute impression personnelle et d'étudier les
faits et leur valeur morale et matérielle, avec la froide impartialité
d'un observateur sans idées préconçues. J'ai dit que c'était en honnête homme, effrayé de voir à quel abîme la vérité laissée dans
l'ombre par un calcul maladroit, conduisait son pays, que je parlais,
c'est donc sur le sujet que j'aborde surtout que je dois rester froidement impartial. Je vais le faire, Dieu fera le reste !

Il faut dire tout haut ce que chacun se dit à l'oreille : « Il y a plu-
« sieurs partis en France. » Le parti républicain, qui a de nom-
breuses nuances, le parti des légitimistes et celui des orléanistes.
Laissons de côté la réunion de sales intérêts qui contitue le bonapartiste, nous ne serons que trop obligés d'y revenir dans un des
paragraphes suivants. Pour le moment, nous nous contenterons de
passer en revue les partis qui englobent tout ce qu'il y a d'honnêtes
gens.

Chacun de ces partis s'adresse cependant aussi à des intérêts,
nous ne voulons nullement le contester. Seulement, ils ont pour eux
une qualité à laquelle on n'eût seulement pas fait attention autrefois,
tant elle semblait naturelle, la probité, ou du moins, une probité
relative, et qu'on est obligé de faire entrer aujourd'hui, en ligne de
compte puisque, pendant vingt ans, elle vient d'être formellement
proscrite, comme un vêtement dangereux, dans toute la partie no-
table de la société française.

Dans les trois partis qui peuvent se disputer, de l'aveu de la
France *sans lisières*, et à l'exclusion de tout autre, la suprématie,
deux sont des principes fondamentaux de tout état de société, ce
sont la République et la légitimité ou hérédité, le troisième, représente la paix au dedans et la paix au dehors, sans commotions
d'aucun genre.

N'oublions pas que je constate ici des faits, et qu'on dit : brutal
comme un fait. Maintenant, raisonnons.

La République ou souveraineté nationale est, sans contredit, le
plus ancien mode de gouvernement, car c'est le plus naturel, c'est
celui que le Créateur a créé en même temps que l'homme et en lui

accordant, en même temps, son libre arbitre. Seulement, ce mode de gouvernement exige d'abord et avant tout une chose : le libre arbitre ou la spontanéité de chaque individu.

En outre, appliqué à une société composée d'individus ayant des passions, des besoins et, partant, des intérêts différents, ce libre arbitre individuel devient subordonné à une question de tempérament, en quelque sorte, et nécessairement incompatible avec l'état de civilisation qui comporte forcément *la solidarité*.

Une république est donc d'autant meilleure et d'autant plus républicaine qu'elle se rapproche davantage de l'état naturel en faisant la part la plus large possible *à la solidarité*.

Ici, nous abordons le socialisme et, comme ce n'est pas le moment de nous lancer dans une étude philosophique qui nous éloignerait beaucoup trop du sujet du moment que nous voulons traiter, nous nous abstiendrons d'aller plus loin.

La France d'aujourd'hui est-elle dans des conditions morales et matérielles qui rendent pratique l'application des principes posés plus haut ? Là est toute la question.

Bon nombre de Français sont républicains et par conviction et par raisonnement. Seulement, chaque fois que l'essai de cette forme de gouvernement a été fait en France, sa réussite s'est toujours heurtée à la même pierre d'achoppement, à la diversité de formes que chacun a cherché à appliquer à la République et à faire prévaloir, sans se préoccuper si, en cherchant, quoique ; par le fait, le point de départ fut le même, à faire prévaloir son système sur celui du voisin, on ne remplissait pas le rôle de l'Ours de la Fable et on n'écrasait pas la République elle-même sous son pavé.

Ce qui a perdu la République en France jusqu'ici, c'est précisément ce manque de cohésion du républicanisme et, la forme républicaine de gouvernement autorisant une plus grande liberté de paroles et d'actes, l'entraînement a dégénéré en passion, et la passion en excès qui, naturellement, ont effrayé les esprits timorés et les ont fait se jeter dans les bras du premier qui s'est trouvé à leur portée, sans seulement en calculer les conséquences bonnes ou mauvaises.

On parle souvent de la République américaine et on la cite en oubliant toujours qu'elle n'est qu'en vertu d'un seul fait, c'est que les intérêts particuliers seuls sont divisés, tandis que l'intérêt général est unique et ne s'éloigne jamais du principe de la solidarité.

Là est tout le secret des fautes commises en France. Heureux si, en éclairant cet écueil, je puis le faire éviter à le République de 1870 ; mais, sans vouloir faire aucune personnalité, je dirai qu'il serait temps de développer d'abord *avec plus de discernement* le sentiment un peu lent de la nationalité, que nous ne le faisons depuis près de trois mois.

La légitimité a des racines en France, et des racines profondes. Elle est le représentant d'intérêts, un peu aux abois peut-être, et qui savent parfaitement qu'ils lui sont liés intimement de corps et d'âme. Elle a pour elle, de plus, une pratique de longs siècles et dont la partie écoulée du XIXᵉ siècle n'a pu détruire entièrement l'habitude.

Comme toutes les formes du gouvernement, excepté la dernière dont nous avons goûté, si elle a son passif, elle a aussi son actif, qui est d'être liée intimement à la plus grande partie de notre histoire. Or, ce sont de ces considérations avec lesquelles il faut toujours compter.

Maintenant, le plus gros de son passif est surtout constitué par les intérêts qui l'accompagnent et dont nous parlions tout à l'heure. Intérêts qui, parce qu'ils n'ont pas avancé eux-mêmes, ne peuvent pas se rendre compte du chemin que les progrès de la science ont fait parcourir à l'esprit humain, en développant de plus en plus chez lui l'aptitude du *libre examen*, tribunal impitoyable devant lequel les mots creux ne sont que des mots creux et ne peuvent même pas plus arrêter sa marche en avant qu'un caillou ne peut arrêter un fleuve qui déborde.

Somme toute, et sans aucune idée préconçue, nous croyons que la légitimité a subi les lois universelles, elle a fait son temps, qui a eu entr'autres du brillant et du bon, c'est vrai ; mais que sa place ne peut plus être que dans le passé, en vertu de la force même des lois de la nature.

L'orléanisme, lui, ne représente aucun principe. Il est une forme de gouvernement. Pendant dix-huit années, et malgré son point de départ, il a donné à la France, sinon de la gloire, du moins la paix et la tranquillité. Notre pays est, certes, bien loin d'avoir oublié que c'est sous son influence qu'a commencé à se développer, sur une grande échelle, l'industrie, les chemins de fer, etc., tout ce bien-être en un mot, qu'a exploité sans pudeur le dernier régime pour en faire son plus dangereux instrument de puissance, en l'étayant sur la démoralisation des masses.

Comme partout, plus qu'ailleurs peut-être, l'esprit public en France est divisé, et, si la République ne sait pas s'unir de manière à former *un tout bien homogène* contre l'invasion d'abord, et contre toute tentative de désagrégation ensuite par les excès qui résulteraient des divergences de nuances, il ne peut faire un doute dans l'esprit de tout individu qui réfléchit que c'est à cette souche jeune, verte, et à laquelle tous les gens sincères n'ont pu reprocher jusqu'ici que d'être une race royale, que se ralliera tout ce qui craint le désordre ou l'ordre prussien et impérial.

§ V.

FRANCE ET PRUSSE. — DIFFÉRENCE DE LEURS MOYENS D'ACTION DANS LA GUERRE ACTUELLE. — APERÇU STRATÉGIQUE. — CONSÉQUENCES DOULOUREUSES DE CE QUI PRÉCÈDE.

Nous avons suffisamment établi dans un des paragraphes précédents, la situation relative de la France et de la Prusse. Il nous reste à examiner quels étaient leurs moyens d'action au début de la guerre actuelle.

Comme levier, la Prusse en avait un bien puissant à sa dis-
position. C'était le développement donné, depuis longtemps, en Allemagne, à l'instruction de toutes les classes de la société, tandis qu'en
France un calcul honteux de domination prenait à tâche de multi-
plier en cela les difficultés pour les classes laborieuses, dont on re-
doutait le réveil. Pendant que le moindre uhlan, sa carte à la main,
était capable de s'orienter à son gré sur le territoire étranger, la
majeure partie des soldats français était bien empêchée de se rendre
compte du crime qu'elle commettait en présentant, sur des ordres
impies, sa baïonnette à ses pères et à ses frères désarmés, qui cher-
chaient à donner l'essor à leurs généreuses aspirations. Comment
en eût-il été autrement, ils ne savaient, autant vaut-il dire, en arri-
vant au régiment, que le chemin de chez eux à l'église de leur
village.

La France a recueilli et recueille les fruits de cette infériorité
morale, et elle a appris que, sous une discipline sévère, il peut exister
chez le plus simple soldat, une intelligence cultivée, dont cette discipline n'a nullement à souffrir, bien au contraire peut-être, car,
étant plus raisonnée, elle devient plus raisonnable.

A ceci, nous devons ajouter d'autres causes dont malheureusement notre pauvre armée a subi amèrement les conséquences.

Les hauts grades étant conférés non aux plus méritants, au
point de vue militaire, mais à ceux qui étaient les plus déterminés à
commander, le cas échéant, le feu contre leurs compatriotes sans
armes, il en est résulté chez ces conducteurs de soldats une ignorance un peu trop générale des moindres principes de la guerre;
car, ce n'est pas au bal ou à table que s'apprend cet art si important
à connaître pour les chefs d'une nation.

De là, ce ridicule plan de campagne, qui faisait de Metz un grand
quartier général, quand il n'aurait dû être que le point d'appui d'une
des ailes de l'armée, qui faisait son objectif du passage du Rhin
entre Cologne et Neuf-Brisach, quand toute sa rive droite nous était
hostile et appuyée sur de formidables forteresses, qui faisait jeter
feu et flamme à nos intelligents généraux, quand les Prussiens, plus

prudents, faisaient sauter le pont de Kiel, sans doute parce que ces messieurs s'attendaient à passer directement en Allemagne par cette voie, et à n'avoir plus qu'à s'en aller à Berlin comme des touristes ; car ils n'avaient même pas calculé, pour la plupart, qu'il faudrait ici avoir de la bravoure.

Ajoutons aux causes précédentes, une autre cause bien importante, c'est que la Prusse, ayant un plan politique parfaitement et nettement arrêté d'avance, avait préparé cette campagne avec le soin le plus méticuleux, sachant que pour elle c'était la question *capitale* de son avenir.

Armement, approvisionnements, le tout en abondance et dans les meilleures conditions de tout genre, tout était prêt de son côté pour pouvoir faire face à toutes les éventualités, quelles qu'elles puissent être.

Il n'y a qu'une éventualité que je n'ose même supposer qu'elle ait pu calculer, car j'en rougirais pour mon pays, c'est la facilité avec laquelle l'uniforme prussien ferait *replier*.

Toujours est-il que cette tendance, elle l'a audacieusement et adroitement exploitée à notre détriment, et l'exploite malheureusement encore chaque jour, ce qui permet à ses généraux de suivre leur plan de campagne sans obstacle sérieux, et en se contentant de quelques petites diversions, pour nous donner le change de temps en temps, comme des enfants qu'on amuse avec un joujou, pour se mettre à l'abri de leur curiosité.

En France, on nous donne le spectacle depuis quatre mois, d'une bien singulière et bien absurde comédie.

Sous prétexte de tenir nos opérations militaires secrètes, sous prétexte de ne pas risquer de dévoiler aux ennemis les plans de campagne de nos généraux, on prend des précautions minutieuses pour que le public ne sache que ce qu'on daigne lui faire savoir.

Comment donc faire concorder ce secret, si scrupuleusement gardé, avec les surprises dont nous sommes constamment les victimes de la part des Prussiens ?

Ne faut-il pas une foi optimiste bien aveugle pour ne pas se de-

mander comment des plans de campagne si religieusement gardés
dans l'ombre, sont toujours connus ou découverts par l'ennemi,
quand il a besoin de nous surprendre, et n'est-on pas conduit à se
demander, malgré soi, s'il a jamais existé un plan de campagne
arrêté ?

Nous ne savons, malheureusement, que trop bien, à quels ennemis nous avons à faire. Nous ne savons que trop bien que nous
avons affaire à une armée nombreuse, bien pourvue, bien aguerrie,
bien disciplinée, bien commandée, et qui a, en plus, pour elle, la
confiance en elle-même et en ses chefs que lui donnent des succès
à peu près permanents. En outre, elle se trouve aidée, à peu près
partout, dans sa marche par la lâcheté, la duplicité et le mauvais
vouloir des administrations impériales, dont une trop grande partie
est encore debout, quand elles auraient dû avoir disparu toutes le
5 septembre. Voyez un peu si le 3 décembre 1851, l'homme de
Sédan, avait eu la maladresse de laisser debout une seule des administrations républicaines de la veille ! Il savait trop bien le proverbe
qui dit que : « *qui veut la fin, veut les moyens.* »

Pauvres Français, vraiment, qui nous persuadons que nous voulons chasser l'ennemi, que nous ne voulons plus de l'empire, qui
nous a mis de gaîté de cœur où nous sommes, et qui nous nourris-
sons, depuis que nous sommes en république, de proclamations, de
discours, de compositions avec des administrations bonapartistes,
que nous savons, dès longtemps, être les ennemies nées de la République, et qui, n'avons pas l'idée, au lieu d'acclamer *d'avance et
toujours*, malgré les rudes leçons reçues, d'attendre *la fin* pour voir
qui aura un droit réel à nos enthousiasmes ?

Ce que veut la Prusse, nous le savons. Elle veut l'abaissement
absolu de la France pour ne pas être gênée dans ses projets d'ambition. Au service de cette ambition, elle a une puissance matérielle
redoutable, et avec laquelle on n'a pas compté jusqu'ici, et on ne
paraît pas vouloir compter intelligemment.

Ce que nous avons à lui opposer se résume à une direction incer-
taine, par cela qu'elle ne se fait pas illusion en elle-même, croyons-

le bien, sur son inexpérience en matière de stratégie et d'organisation.

En veut-on la preuve?

Le plan de campagne des Prussiens est de couper et de soumettre d'abord tout le nord de la France, de Strasbourg au Havre, au moins, et ils ne sont pas loin de réussir, pour s'ouvrir des ports qui leur offre un point d'appui et de ravitaillement de la dernière importance, en ce qu'il leur permet de prolonger plusieurs années, s'il le faut, leur campagne de France.

De prime abord, ils avaient établi une ligne de retraite d'une solidité incontestable, en se rendant maîtres du Bas-Rhin, de la Moselle, de la Meuse, des Ardennes et de l'Aisne d'un côté, des Vosges, de la Haute-Marne, de l'Aube, de l'Yonne et du nord du Loiret, d'autre part.

Cette ligne de retraite, solide et bien établie, leur permettait de serrer leurs deux bras et de les joindre à l'ouest de Paris, de manière à l'investir complètement, sans danger, malgré son périmètre, et à le priver de toute communication avec l'extérieur.

Sans s'arrêter au siège de certaines forteresses, qui les eût retardés, et les eût empêchés de prendre leurs cantonnements avant la mauvaise saison trop avancée, ils se sont contentés de les investir afin d'être certains que, même en cas de retraite forcée, ils ne pouvaient être sérieusement inquiétés avant d'avoir franchi la frontière.

Une seule chose pouvait faire échouer leur plan. C'était le cas où la province, habilement et énergiquement dirigée fût venue les prendre à revers sous Paris, pendant qu'une sortie adroitement combinée, de cette ville, les eût mis entre deux feux.

Le cas était prévu par eux, et, ils n'avaient qu'à se replier moitié au nord de Paris, moitié par le sud, pour venir nous présenter tout leur front de bandière à l'est, où ils avaient leur droite et leur gauche solidement appuyées sur les deux faces de leur ligne de retraite qui, dans le cas où ils étaient obligés de continuer à battre en retraite, se repliaient avec eux, au fur et à mesure, à l'instar des feuillets d'un livre.

Un seul plan de campagne, de la part des Français, pouvait faire de cette retraite une extermination. C'était celui-ci : quatre vigoureux corps d'armée, l'un au nord, le second à l'ouest, les deux derniers dans la partie de la France située au sud de la Loire, l'un à l'ouest, l'autre à l'est.

Combiner *simultanément* les mouvements de ces quatre corps d'armée. Celui du sud-est, remontant rapidement au nord, dans le but de couper les lignes prussiennes en Champagne, l'endroit le plus favorable à cet effet; les trois autres marchant *directement* sur Paris.

Ce plan exécuté, les fragments de l'armée ennemie cantonnés entre la Champagne et la frontière échappaient forcément seuls, tandis que l'action de Paris s'unissait avec celle de la province.

Que fallait-il pour réussir ? De l'intelligence pratique, de l'énergie pratique, de la volonté pratique, et un peu moins de proclamations, de discours et de décrets trop peu étudiés pour avoir une solution pratique.

Mais, aujourd'hui, ces récriminations sont vaines. Le danger a grandi et grandit chaque jour.

Paris est investi depuis plus de deux mois, et les Prussiens, qui eux, réfléchissent mûrement, et qui savent parfaitement que, si bien défendue que soit une ville qui contient deux millions de bouches, elle ne peut supporter un siége de la longueur du siége de Troie, se rendent parfaitement compte que leur ligne de retraite peut être, maintenant, plus utilement employée. Ils font marcher celle du Nord dans la direction de l'embouchure de la Seine, et celle du Midi, dans la direction du Centre et du Sud-Est, si bien préparés à l'avance par leurs armées de fourrageurs.

Ils ne feront pas le siége en règle des forteresses qu'ils rencontreront sur leur passage, ils feront ce qu'ils font partout, de manière à être certains qu'ils ne puissent être inquiétés sur leurs derrières, et mettront le siége devant Lyon, le jour où Paris aura succombé.

Encore un peu de direction de défense aussi intelligente, et il ne faut pas désespérer de les voir au printemps à Marseille et à Bayonne.

Il serait peut-être prudent de savoir si, à cette époque, ce sera en Afrique ou en Amérique que la France se transportera pour continuer sa fameuse organisation contre l'invasion, qui est une vraie tapisserie de Pénélope.

Comme résultat de la victoire de la Prusse, je serais assez d'avis que la France, si elle calculait un peu plus sainement, devrait enfin voir clair, voir que l'intérêt de l'empire d'Allemagne, après nous avoir suffisamment abattus pour que nous n'en soyions pas relevés dans cent ans peut-être, est de nous mettre, pour assurer sa suprématie et notre abaissement, un souverain *de paille*, c'est-à-dire un de ces êtres capables de toutes les bassesses et pour lequel les hontes et les infamies de tout genre, soient pain quotidien ; or, quand on a la famille Bonaparte sous sa main, ce serait vouloir être mal servi que de chercher mieux.

France, sois bien convaincue que la victoire de la Prusse est la restauration impériale ! C'est de trop adroite politique pour que Bismark y manque. France, as-tu assez de hontes, et te faut-il encore celle-là ? Si tu ne le veux pas, *n'oublie pas qu'il ne faut pas que Paris soit pris.*

Un sentiment de délicatesse, facile à comprendre, m'empêche de dévoiler le plan stratégique à l'aide duquel *seul*, ou pourrait racheter le passé ; mais j'en dirai assez dans le paragraphe suivant pour rendre sensible, qu'avant de commencer l'exécution d'un plan de campagne, il est de toute nécessité de se mettre *sérieusement* en mesure de l'accomplir.

§ VI.

SEULS MOYENS QUE POSSÈDE ACTUELLEMENT LA FRANCE DE METTRE UN TERME A SES MAUX, DE CONSERVER L'INTÉGRITÉ DE SON TERRITOIRE ET DE RESTER UNE PUISSANCE.

Ces moyens sont de deux ordres : les moyens extérieurs et les moyens intérieurs.

Nous avons dit plus haut que, dans les conditions où elle se trouve
actuellement, la France ne peut et ne doit pas avoir de politique
extérieure. Je ne comprends même pas comment il a pu germer
dans des têtes intelligentes des idées de paix ou d'armistice. N'au-
raient-elles pas dû se dire, avant tout, toutes les dures verités qui
précèdent, elles en auraient conclu que, nécessairement, tout s'op-
pose à ce que la Prusse fasse la paix tant qu'elle n'aura pas complètement terminé la guerre actuelle suivant ses vues personnelles,
consente un armistice dont tous les avantages ne seraient pas
exclusivement pour elle.

Au lieu de nous en tenir, en quelque sorte, à stigmatiser dans
nos discours, la barbarie de cette guerre, disons-nous donc, une
bonne fois, que la guerre est la guerre et que ce n'est pas avec des
mots sonores qu'on lutte contre une invasion terrible. On a décrété
la guerre à outrance après Sédan, on a déclaré la guerre à outrance
après les conversations de Ferrières, on a décrété la guerre à
outrance après Metz, on a décrété la guerre à outrance après
le refus, facile cependant à prévoir, de l'armistice, et je ne
vois que des moyens plus qu'incomplets pris pour la faire, des
demi-moyens, des demi-mesures, Paris ayant déjà subi plus de
deux mois de siége sans avoir vu le moindre effort sérieux de la
province pour venir à son secours, et les Prussiens avançant partout
et toujours.

Il faut être logique avant tout. Si rien de tout ce qui a été entrepris depuis le 4 septembre n'a abouti au moindre résultat réellement
avantageux, ne serait-il pas temps enfin de se dire que cela tient
peut-être à une cause, et de rechercher cette cause pour l'anni-
hiler.

D'après ce que nous avons dit en parlant des conditions dans
lesquelles se trouvent les puissances européennes, au point de vue
de la guerre, la seule ligne de conduite que nous ayons à suivre, et
promptement, à l'extérieur, est de modifier les intérêts de l'Angleterre dans la question d'Orient.

L'ithsme de Suez et ses environs, placés sous un protectorat re-

doutable pour cette puissance, rendent à ses intérêts une commu-
nauté avec les nôtres, qu'elle ne peut plus éviter.

Or, les Etats-Unis qui, en cela, ne transgressent en rien aux
lois les plus strictes de la neutralité vis-à-vis des belligérants, se
refuseraient-ils à ce bon office vis-à-vis de notre République, encore dans l'enfance, et pour laquelle nous connaissons la sincérité
de leurs sympathies.

Je suis obligé de m'arrêter; mais j'en dis assez pour me faire
amplement comprendre.

Quant à l'intérieur, il est temps d'en finir d'un seul coup avec
ces interminables organisations qui, jusqu'ici, donnent des résultats
à peu près négatifs.

On a décrété la mobilisation des célibataires de vingt-et-un à
quarante ans. Comment se fait-il qu'ils soient, pour la plus grande
partie, encore dans leurs foyers, mécontents de ne pouvoir seulement pas gagner leur vie, en raison de leur état présent, qui a une
certaine analogie avec celui de l'oiseau sur la branche, au lieu
d'être devant l'ennemi.

Qu'attend-on ? Que la France entière soit conquise ?

Je sais bien ce qu'on répondra : Les finances ont été laissées
dans une telle pénurie par le régime déchu.

Eh bien, est-ce qu'il vous a fallu près de trois mois pour vous en
apercevoir ?

Pourquoi n'avoir pas employé, pourquoi ne pas employer immédiatement le seul moyen d'y remédier dans ce cas pressant; pourquoi, au lieu de frapper des impôts spéciaux qui donnent et
donneront lieu dans bien des localités aux plus grandes difficultés
de rentrée, pour qu'il n'en rentre, en fin de compte, peut-être pas
la moitié, ne pas employer l'emprunt forcé, là où on sait qu'il y a des
fonds ; car il y a des fonds en France, et il ne s'agit que de savoir
les faire sortir.

N'étant pas en mesure de jeter vos premiers mobilisés devant
l'ennemi, dans les conditions utiles, vous avez décrété la levée
en masse !

La mesure est bonne, mais, si vous ne pouvez agir comme vous le voudriez vis-à-vis de dix hommes, comment ferez-vous pour le faire pour mille ?

Si vous ne voulez pas être accusés de non-sens, soyez donc conséquents et dites-vous que, si le manque d'argent est une des causes de vos hésitations, il n'y a qu'un moyen d'y mettre un terme, c'est de vous en procurer de suite, et, je le répète, vous n'avez qu'un seul moyen : l'emprunt forcé.

Si vous rencontrez en outre des mauvaises volontés, des faiblesses, des incapacités, n'attendez pas de nouvelles expériences douloureuses pour les briser ; vis-à-vis de la situation actuelle qui met en doute, quoiqu'on puisse dire sans le penser, l'existence de la France, l'hésitation, la froideur, la faiblesse et l'incapacité sont plus que des fautes, ce sont des crimes.

De l'énergie et une volonté de fer, voilà tout ce qu'il faut pour sauver la France ; avec cela et un peu d'adresse, dans six semaines pas un étranger ne souillerait son sol par sa présence sur notre territoire.

Si Paris est pris, car enfin l'homme sensé doit faire la part de toutes les éventualités, que répondra-t-on à la France entière, qui jettera un cri de désespoir et demandera des comptes *sévères*, on peut en être sûr ?

Lui répondra-t-on qu'on organise, qu'on a organisé, qu'on organise toujours, quand elle se rappellera que la Convention mettait dix armées sur pied en un mois, quand elle comprendra qu'en plusieurs mois on n'a pas fait ce qui devait et doit être fait en huit jours?

Que répondra-t-on aux Parisiens, qui auront bravement supporté la faim, la soif, la misère pendant plusieurs mois, attendant toujours la province qu'ils espèrent voir venir à leur secours, tandis qu'elle ne peut même pas se préserver elle-même ?

Oui, acclamons, acclamons, disons-nous que Paris est imprenable comme forteresse, et est bravement et loyalement défendu ; mais n'oublions pas que nous aurons une lourde responsabilité, devant nous-mêmes et devant l'histoire, *si Paris est pris* !

§ VII.

CONCLUSION.

La tâche que ma conscience m'a imposée est terminée. Je crois l'avoir remplie aussi loyalement et aussi impartialement que je l'avais promis.

J'ai évité avec le plus grand soin des appréciations politiques qui sentiraient la moindre sympathie particulière, afin de présenter la situation sous son jour réel et dégagée de toute espèce de voile intempestif et dangereux certainement, ainsi que je m'en étais tracé le programme.

J'ai dû être très réservé sur certaines appréciations militaires ultérieures, afin de ne pas risquer d'être accusé de divulguer certaines choses auxquelles, quoique membre d'un comité central de défense qui devrait avoir aujourd'hui une importance majeure, je suis, ainsi que mes collègues, complètement étranger, mais dont certains hasards fortuits de calculs avec les têtes qui dirigent pourraient donner lieu à supposer une indiscrétion.

J'ai dû aussi être très réservé sur les seuls moyens à employer par la France pour se tirer d'embarras, et je me suis contenté d'en faire pressentir les côtés saillants.

Heureux je serai, si la vérité, que je mets toute entière sous les yeux du lecteur, peut servir d'encouragement à ceux qui y auraient déjà pensé, et de matière à réflexion à ceux qui n'y auraient pas songé ; car le fait capital aujourd'hui, l'éventualité la plus grave qu'on doive avoir devant les yeux, est celle-ci : « *Si Paris est pris* ?

24 novembre 1870.

IMPRIMERIE DE E. CAGNIARD. — ROUEN.

48

IMPRIMERIE E. CAGNIARD

ROUEN.

www.ingramcontent.com/pod-product-compliance
Lightning Source LLC
Chambersburg PA
CBHW060822280326
41934CB00010B/2759